AF101165

This Notebook Belongs To

____

www.ingramcontent.com/pod-product-compliance
Lightning Source LLC
LaVergne TN
LVHW060210080526
838202LV00052B/4229
* 9 7 8 2 5 5 5 2 7 4 3 3 4 *